J'apprends à li avec Sami e

Sami a des poux

Léo Lamarche

YOU HOU !

hachette
ÉDUCATION

Avec Sami et Julie, lire est un plaisir !

Avant de lire l'histoire
- Parlez ensemble du titre et de l'illustration en couverture, afin de préparer la compréhension globale de l'histoire.
- Vous pouvez dans un premier temps lire l'histoire en entier à votre enfant, pour qu'ensuite il la lise seul.
- Si besoin, proposez les activités de préparation à la lecture pages 4 et 5. Elles permettront de déchiffrer les mots les plus difficiles.

Après avoir lu l'histoire
- Parlez ensemble de l'histoire en posant les questions de la page 30 : « As-tu bien compris l'histoire ? »
- Vous pouvez aussi parler ensemble de ses réactions, de son avis, en vous appuyant sur les questions de la page 31 : «Et toi, qu'en penses-tu ?»

Bonne lecture !

Couverture : Mélissa Chalot
Maquette intérieure : Mélissa Chalot
Mise en page : Typo-Virgule
Illustrations : Thérèse Bonté
Édition : Laurence Lesbre
Relecture ortho-typo : Emmanuelle Mary

ISBN : 978-2-01-270619-4
© Hachette Livre 2015.

Les personnages de l'histoire

Pour préparer la lecture

1 Montre le dessin quand tu entends le son (ou) comme dans p<u>ou</u>.

2 Montre le dessin quand tu entends le son (on) comme dans ball<u>on</u>.

3 Lis ces syllabes.

co · té · lou · jou · pou · hou

gra · man · soi · fau · cho · van

4 Lis ces mots outils.

est   un   lui   non   c'est

mon   pas   dit   plus   quel

5 Lis les mots de l'histoire.

Sami

un pou

gratter

éliminer

du houx

un rêve

À l'école,

Sami est à côté de Léo

et Léa est à côté

de Lilou.

Un jour, Sami attrape

un pou. Hou ! Hou !

Il se gratte, gratte, gratte...

Le soir, sa maman

lui demande :

– Ça va, Sami ?

– Hou ! Un pou !

Il faut faire quelque chose !

– Ah non, dit Sami !

C'est MON pou.

Je le garde.

Ce sera mon pou savant !

– Pas question !

dit maman.

Je vais l'éliminer !

– Oh ! dit Sami.

Je n'ai plus

mon pou adoré.

– Hou !

Tu as un petit garçon

dans les cheveux !

– Il faut faire

quelque chose.

Vite, du houx !

– Ah non, dit le pou !

C'est MON petit garçon,

je le garde !

Ce sera mon petit garçon

savant !

– Quel drôle de rêve !

dit Sami.

As-tu bien compris l'histoire ?

1 Pourquoi Sami se gratte ?

2 Quand la maman dit « je vais l'éliminer », de qui parle-t-elle ?

3 Pourquoi Sami veut-il garder son pou ?

4 Raconte le drôle de rêve de Sami.

5 Cherche dans l'histoire des mots qui riment avec pou.

Et toi, qu'en penses-tu ?

Est-ce que tu as déjà eu des poux ?

Et toi, tu aimerais avoir un « pou savant » ?

Sais-tu comment s'appellent les œufs des poux ?

À ton avis, un pou c'est plus grand ou plus petit qu'un microbe ?

Lire pas à pas
avec Sami et Julie

Début de CP

Niveau 1

a e i o u y é/è/ê
b d f l m n p r s t v
et/est un/une

Milieu de CP

Niveau 2

c/k/qu ch h ph
z/s=z ce/ci
ou/on an/en oi/oin
in ei/ai eu/œu
les/des/mes/tes/ses ils/elles
g/j ge/gi gn gu
er/ier/ez/et

Fin de CP

Niveau 3

ef/er/ec/ep/el/es
ill/aill/eill/euill/ouill x y w
sp/st/sc ion/ien
au/eau ain/ein ti=si

Achevé d'imprimer en Espagne
par UNIGRAF
Dépôt légal :mars 2017
Collection n° 12 - Édition 06
30/1117/5